AF295998

DISCOURS

QUI A REMPORTÉ

LE PRIX D'ÉLOQUENCE

A L'ACADEMIE FRANÇOISE,

En l'Année MDCCXLV.

PAR M. DOILLOT, ETUDIANT EN DROIT.

A PARIS,

DE L'IMPRIMERIE DE JEAN-BAPTISTE COIGNARD,
Imprimeur du Roi, et de l'Académie Françoise.

MDCCXLV.

SUJET

DONNÉ

PAR MESSIEURS

DE L'ACADÉMIE FRANCOISE.

La Sageſſe de Dieu, dans la diſtribution inégale des Richeſſes, conformément aux Paroles : *Dives & pauper obviaverunt ſibi, utriuſque operator eſt Dominus.*

DISCOURS

SUR

LA SAGESSE DE DIEU

DANS LA DISTRIBUTION
inégale des Richesses.

LE Spectacle du monde offre un contraste sensible dans la diftribution de ces avantàges qui occupent la vie des hommes. Le moment où nous naiffons , & celui où nous ceffons de vivre , font prefque les feuls , où l'égalité de notre être puiffe être reconnue; tant l'efpace, qui partage ces deux extrémités , eft diftingué, par un mélange de biens & d'honneurs pour les uns, de miféres & d'humiliations pour les autres !

Mais ce contrafte, qui, de tout tems, a été le fcandale des efprits affez fuperficiels pour s'arrêter aux premieres idées, fruits du préjugé, fouvent même des paffions , édifie au contraire quiconque fçait méditer & réfléchir,

A ij

puifque les effets de l'inégalité nous découvrent, dans le deffein de celui qui en eft l'auteur, tous les traits qui caractérifent ordinairement les projets des hommes que nous regardons comme fages.

La fageffe humaine confifte dans un jufte difcernement des moyens propres à nous conduire à une fin : fi nous réuffiffons, nous paffons pour fages, parce que nous fommes cenfés avoir prévû la liaifon intime des refforts que nous avons employés avec l'effet qu'ils ont produit : ainfi, s'il peut être permis de citer l'efprit de Dieu au Tribunal de la raifon humaine, pour juger de fa Sageffe dans la diftribution des biens, il faut connoître, & le deffein qu'il s'eft propofé, & l'efficacité du moyen choifi pour y parvenir.

L'expérience ne nous apprend que trop qu'il y a un ufage, qu'il y a auffi un abus des Richeffes ; il étoit fans doute important pour l'homme de connoître les bornes de l'un & de l'autre, fans doute même la bonté de Dieu étoit intéreffée à ne nous pas laiffer dans une ignorance abfolue à cet égard, puifqu'enfin c'eft lui qui nous a ouvert la fource de tous les biens : or comme nous trouvons dans l'inégalité, & un préfervatif contre l'abus, & des régles pour l'ufage des Richeffes, nous devons en conclurre que ce font les deux objets que Dieu a eû en vûe dans leur diftribution, & que c'eft pour cette raifon qu'il l'a faite inégalement : cette conduite de Dieu nous préfente donc deux caractéres de Sageffe ; le premier, fondé fur ce que l'inégalité apprend aux hommes ce que Dieu a penfé des Richeffes, & par conféquent ce qu'ils doivent en penfer eux-mêmes ; le fecond, fondé fur ce que l'inégalité nous découvre l'ufage pour lequel Dieu nous les a données, & en même-tems, celui qu'il nous eft permis d'en faire.

PREMIERE PARTIE.

L'Homme étoit forti des mains de Dieu, par la création, pour être éternellement heureux ; toutes les
Richeffes de l'Univers lui étoient même abandonnées alors,
comme un commencement & une anticipation de fon bonheur éternel; l'amour pour le Créateur regnant fouverai-
nement fur fon cœur, il n'étoit point à craindre que les
êtres créés en diminuaffent les affections; comme il jouif-
foit des biens fans befoin, il les poffédoit fans paffion.

Mais ayant confenti de defobéir à Dieu, il a perdu tous
les droits de fon premier état, fon premier mouvement de
defobéiffance a porté le déréglement dans fon efprit &
dans fon cœur, & la contagion a paffé à fes defcendans.
Les hommes ont confervé le fentiment du bonheur pour
lequel ils étoient nés, mais ils en méconnoiffent aujour-
d'hui la fource & l'effence ; ils s'imaginent en décou-
vrir la trace dans ces fatisfactions paffageres, que leur
procurent les objets qui les environnent, & l'illufion où
ils font à cet égard, eft le germe de la paffion violente
qu'ils témoignent pour tout ce qu'ils appellent Richeffes.

Le malheur des hommes étoit certain, fi la bonté toute
paternelle de Dieu ne s'étoit en quelque forte trouvée
intéreffée à les inftruire du changement arrivé dans l'effence
des biens; il a fenti que pour prévenir l'abus qu'ils pourroient en faire, il falloit à côté un préfervatif, qui les
avertît continuellement que la félicité, après laquelle ils
afpirent, n'eft pas de ce monde; que, les Richeffes de la
terre n'étant plus le gage de cette félicité, ils ne peuvent
s'y attacher comme à une fin; & l'inégalité a paru à Dieu
un moyen propre à donner aux hommes l'inftruction dont
ils avoient befoin.

En effet, l'effence d'une fin eft d'être univerfelle, c'eft-
à-dire, pour tous, & à la portée d'un chacun; conftante,
parce que fes variations l'expoferoient à ne pouvoir être
reconnue; une fin doit encore pouvoir fatisfaire tous ceux

A iij

dont elle eft deftinée à être l'objet : trois prérogatives que la diftribution inégale empêche de retrouver dans les Richeffes, puifque chacune en eft exclue par l'inégalité même.

Dieu eft jufte, & en cette qualité, il doit également à tous les hommes ce qui eft effentiel à la fin pour laquelle il les a créés : c'eft ainfi qu'il n'a refufé à aucun les fecours néceffaires pour fa fanctification, parce qu'il eft néceffaire à tous d'être fanctifiés. Si donc bravant, pour ainfi-dire, le reproche qu'on auroit pû lui faire d'une prédilection aveugle & injufte, il a obfervé l'inégalité dans la diftribution des biens; fi les uns ont la vigueur d'une fanté ferme & conftante, & les autres trainent une vie miférable à travers des infirmités, qui continuellement fe fuccédent : fi ceux-ci, dans l'abondance du fuperflu, poffeffeurs de tréfors immenfes, tribut de tous les élémens, attirent l'admiration, & en même-tems l'envie, tandis que ceux-là, dans la privation même du néceffaire, n'excitent que les mépris, ou quelquefois la compaffion, c'eft parce que ces avantages & ces infortunes ne font, au jugement de Dieu, ni de vrais biens, ni des maux réels ; c'eft l'idée qu'il en a eue, c'eft celle qu'il a voulu nous en laiffer : fi l'égalité eût regné dans la diftribution des Richeffes, les hommes auroient regardé un bien univerfel comme un bien réel : attachés à la vie préfente par les liens de tous leurs fens, les vœux de leurs cœurs n'auroient point été au-delà, & ils auroient pris le lieu de leur exil pour leur véritable patrie : mais ayant fans ceffe fous les yeux l'inégalité, ce grand trait du tableau des chofes humaines, c'eft un avertiffement continuel que ce qui n'eft accordé qu'à quelques-uns, n'eft effentiel à aucun en particulier, & que ce qui n'a point été donné à tous, n'a jamais été deftiné à être la fin à laquelle tous doivent tendre.

L'inégalité écarte auffi des richeffes la conftance ; feconde prérogative d'une fin.

C'étoit peu pour le deffein de Dieu de répandre, dès le berceau, ces femences d'inégalités, qui annoncent aux heureux du fiecle, dans les premiers inftans de leur vie, une carriere de gloire & de profpérités, & aux malheureux un enchaînement perpétuel de befoins, & par conféquent de miferes : mais changer tout-à-coup l'état des conditions, porter l'inégalité d'infortunes où étoit peu auparavant l'inégalité de richeffes, c'eft forcer les hommes de reconnoître que la conftance, qui doit être un attribut de toute fin, ne fe rencontrant point dans la durée des biens, ils ne peuvent eux-mêmes être élevés à la dignité de fin; auffi font-ce là les exemples que Dieu a le plus multipliés.

Si l'on voit quelques familles, où l'abondance ait toujours été héréditaire, de même qu'à d'autres la pauvreté, & entre lefquelles l'inégalité regne depuis leur origine; combien plus de fortunes, qui ont fait l'étonnement du fiéclé paffé, & qui font inconnues au nôtre ! combien de riches auffi infultent aujourd'hui à des pauvres, dont les defcendans feront refpectables pour les neveux de ces riches ! Les unes & les autres de ces fortunes font au nombre de celles dont l'inégalité nous frappe, & elles feront encore au nombre des fortunes inégales du fiécle à venir, quoique dans un ordre différent. Cette inégalité paffée, cette inégalité préfente peignent à notre efprit les richeffes, non fous les traits d'une fin fixe & invariable, mais fous ceux d'un phantôme, ou même du néant, & par là elles difpofent nos cœurs à refufer leurs affections à des objets dont la caducité forme l'effence.

Mais l'inégalité des richeffes les rend encore incapables de pouvoir jamais fatisfaire le cœur de l'homme.

Si toutes les efpéces de biens, foit ceux de la nature & de la fortune, foit ceux que l'imagination des hommes a créés, fe trouvoient réunies en un feul, peut-être que ce mortel, voyant chacun de fes fens occupé par un fentiment de plaifir, pourroit fe croire au terme du bonheur, au moins pour cette vie; mais Dieu a, pour ainfi dire, chargé l'inégalité d'écarter de la condition des hommes la réunion de deux, ou de plufieurs efpéces de richeffes,

& la privation des unes nous diftrait de la jouiffance des autres.

D'un côté, l'obfcurité de l'origine qui perce à travers l'appareil de l'opulence, eft le fupplice de ces hommes qui ne font que riches ; voilà ce qui les tyrannife & les humilie au milieu de leurs tréfors : de l'autre, des familles deftinées, par l'orgueil de leur naiffance, à repréfenter fur la fcéne du monde, font retenues par leur peu de fortune dans l'obfcurité, pour laquelle elles n'étoient pas nées : bien plus, ces hommes fortunés, qui font venus à bout de fe perfuader qu'ils poffédent tous les honneurs auxquels un mortel peut prétendre, tous les biens qui, divifés, font le foutien de différens états, ces infenfés du fiécle peuvent-ils fe flatter d'avoir en tout tems la tranquillité d'efprit, & la fanté du corps, néceffaires pour jouir de ce qu'ils poffédent ? Cette multiplicité, cette égalité de bonheur, appanage de l'homme dans fon premier état, a toujours été inconnue depuis à fes defcendans : richeffes fans dignités, dignités fans richeffes, inquiétudes de l'efprit, infirmités du corps, telle eft l'inégalité que Dieu a répandue dans toutes les conditions de la vie, pour arrêter l'homme dans l'ardeur de la recherche des biens, le reveiller de l'yvreffe de la poffeffion, & quelquefois même le confoler de leur perte.

Mettons-nous dans le point de vûe, où Dieu a voulu nous placer à l'égard des chofes d'ici-bas. C'eft le deftin de cette vie d'être toute inégale : inégalité dans la diftribution des climats, des faifons, des biens de la terre ; inégalité dans tous les ouvrages de la nature & de la fortune ; l'homme lui-même eft un prodige d'inégalité, dans les âges qui partagent fa vie, dans les talens qui ornent fon efprit, dans les paffions qui tyrannifent fon cœur : l'inftruction eft écrite à côté de cette inégalité : puifque la diftribution des richeffes eft telle parmi les hommes, que les uns en ont plus, les autres moins, que plufieurs en font même abfolument dépourvûs ; puifqu'elles font aujourd'hui l'efpérance & la joie d'une famille, par la poffeffion, &

demain

demain le défefpoir, par la privation ; là raifon eft forcée
de convenir qu'elles ne font, ni par effence, ni par deftination, la fin des hommes.

Or, comme c'eft l'inégalité qui regne dans la diftribution, qui en écarte fans ceffe les prérogatives d'une fin,
il faut donc reconnoître, dans fes effets, l'exécution d'un
deffein prévû, médité, & approfondi ; les vuides de cette
inégalité font les empreintes du doigt d'une intelligence fuprême, la diftribution inégale dénote en Dieu une attention de pere, qui, connoiffant le danger des biens, qu'il
abandonnoit à fes enfans, a voulu prévenir l'abus qu'ils
pourroient en faire, s'ils en confervoient la même idée
que dans l'origine de leur création ; il a pris plaifir, en
les diftribuant, à y laiffer des traces de ce qu'il penfoit de
leur effence, afin que fon jugement fut la régle de ce
que nous devions en penfer nous-mêmes ; & c'eft le premier caractére de fa Sageffe dans la diftribution inégale
des Richeffes.

Mais, fi elles n'ont point été données aux hommes,
afin d'en jouir pour elles-mêmes, c'eft-à-dire, comme
fin, à quoi Dieu les a-t-il donc deftinées dans ce monde ?
La connoiffance de leur deftination n'étoit pas moins im-
portante pour nous, puifque c'eft elle qui doit détermi-
ner l'ufage qu'il nous eft permis d'en faire : c'eft ce qui
nous eft encore découvert par l'inégalité.

SECONDE PARTIE.

SI l'homme n'avoit connu des Richeffes que cette im-
puiffance où elles font de contribuer en rien à fon bonheur, même pour ce monde, cette connoiffance auroit
pû le porter à un mépris abfolu, ce qui n'a pas été le
deffein de Dieu : car en même-tems que l'inégalité nous
découvre la vanité & le néant des biens, il faut convenir qu'ils produifent fous nos yeux des effets trop dignes
de l'attention d'un Dieu, pour n'avoir pas été effective-
ment l'objet qu'il s'eft propofé, en les diftribuant. Péné-

trons la nature de ces effets ; rapprochons-les de l'idée , qu'une lumiere fupérieure nous donne du deffein de Dieu fur les hommes , & nous y découvrirons le fecond cara- &ére de fa Sageffe dans la diftribution inégale des Ri- cheffes.

Le grand deffein de Dieu fur nos cœurs a été d'y en- tretenir les fentimens d'une charité univerfelle , qui em- brafsât & l'amour de lui-même , & l'amour de nos fem- blables. Pour l'entretien de l'union générale , fur-tout dans l'état actuel de la Nature humaine , il étoit néceffaire que les hommes fuffent toujours raffemblés en un corps de fociété , dont il étoit même difficile que l'ordre fubfiftât , fans une dépendance mutuelle , & le befoin qu'ils auroient les uns des autres : or les biens font les refforts que Dieu a choifis , pour produire & feconder l'harmonie de cette union , & , ce qui ne laiffe abfolument aucun doute fur le deffein de l'inégalité , c'eft que ce n'eft que parce qu'elle eft conftamment obfervée dans la diftribution des Richef- fes , que les Richeffes foutiennent elles-mêmes un édi- fice auffi glorieux pour l'humanité , que celui de la So- ciété.

En effet, l'abondance fait germer dans le cœur des Ri- ches la foule des paffions ; mais elle leur confeille en mê- me-tems une certaine non-chalance , qui ne leur permet plus de chercher eux-mêmes les alimens propres à les fa- tisfaire : la difette fouleve contre les pauvres une multitude de befoins ; mais auffi elle leur infpire , finon l'amour , au moins la néceffité du travail ; & ces différentes difpofi- tions, où l'inégalité met les Hommes, les rappelle à l'égali- té de leur origine , en les appliquant à fentir la dépendan- ce où ils font les uns des autres. Le Riche , au milieu de fes nombreux domaines, trouveroit à peine de quoi four- nir à toutes les néceffités , moins encore à toutes les com- modités de la vie : il faut qu'il implore la main du Pauvre, pour mettre à profit la fertilité de fes terres , & c'eft le même travail qui les nourrit tous deux ; mais fi le Pauvre ne fe trouvoit difpofé par l'inégalité, qu'il fent entre le Ri-

che & lui, à épargner à celui-ci la peine des travaux, vou-
droit-il la prendre fur lui-même ?

N'accufons donc plus un fort aveugle, de diftribuer inégalement dans ce vafte Univers, les productions de la Nature & celles de l'Art. Si la Terre, avare ici, refufe ce
qu'elle donne ailleurs avec profufion, c'eft afin que nous
tranfportant fous un Ciel étranger, pour y chercher ce que
le nôtre n'a pas, nous portions à celui-là ce qui lui man-
que : ce n'a point été pour priver abfolument les Habitans
du Monde, de quelques-uns de ces avantages, dont l'u-
niverfalité feroit néceffaire à tous, mais afin que la difette
particuliere & fpéciale de chaque côté, fût le premier principe d'une abondance réciproque pour tous : l'inégalité,
en faifant une néceffité du commerce, unit les Hommes
par un intérêt commun, aide à la circulation des dons de
la Nature, accroît le domaine des Riches, & occupe les
Pauvres : ce font ces befoins mutuels, qui lient entre eux,
comme s'ils ne faifoient qu'une feule famille, les Citoyens
des Villes, les Peuples des Royaumes, les Nations de
l'Univers, & ce prodige eft l'effet de l'inégalité. Dieu a
pofé les premiers fondemens de la Société, par la diftribution inégale des Richeffes; mais la perfection de ce grand
Ouvrage eft abandonnée à nos foins & à nos devoirs, &
les conféquences de la conduite de Dieu font autant de
regles pour l'ufage que nous devons faire des biens.

Si donc Dieu a diftribué les Richeffes inégalement,
c'eft-à-dire, s'il les a refufées aux uns, & accordées aux
autres, pour forcer ceux-là au travail, & mettre ceux-ci
en état de payer leur falaire ? Bien plus, fi à la circulation des Richeffes eft attachée la grace finguliére de
diminuer nos befoins, en foulageant ceux des autres : lorf-
que l'induftrie du Pauvre nous a procuré les objets de
nos defirs, il a acquis un droit fur nos biens ; c'eft une
dette, que le privilége de leur deftination générale a con-
tractée pour nous à fon égard, & la première régle de l'u-
fage des Richeffes, qui nous eft indiquée par l'inégalité,
eft ce principe de juftice, né avec tous les Hommes, qui

B ij

leur défend de retenir ce qui appartient à un autre.

La confidération de l'inégalité préfente même à nos efprits fous une plus grande étendue, les obligations de ce principe naturel, puifque c'eft fouvent l'abondance où nous nous trouvons, qui nous porte à exercer notre générofité envers ceux que nous voyons dans le befoin, fans pouvoir mériter par leur travail, les rétributions néceffaires pour foutenir leur vie ; l'inégalité nous perfuade alors par un fentiment intime, que c'eft particuliérement pour les befoins de ces Infirmes, que plufieurs parmi nous ont le fuperflu, & affurément notre cœur n'eft fi fenfible à la pitié, que parce que nous devions avoir devant les yeux des objets dignes de commifération : mais c'eft furtout dans le cœur de l'Homme, que s'exerce le triomphe de l'inégalité, & par conféquent de la Sageffe de Dieu.

Nos ames font, à la vérité, capables des plus grandes vertus ; mais elles feroient fouvent oifives, fi des objets extérieurs ne les déterminoient à fe produire. La juftice nous commande d'acquitter ce que nous devons ; mais donner ce que l'on ne doit pas, donner plus que l'on ne doit, ce font des confeils de l'inégalité ; c'eft elle qui rend la liberalité fi familiére aux Riches ; c'eft elle qui incline, & plie l'amour propre de ceux qui reçoivent, à la reconnoiffance, fituation la plus gênante pour le cœur humain. Dieu a voulu que parmi les Hommes, les uns euffent des befoins, & les autres euffent de quoi les foulager, afin que celui-ci fût libéral, & celui-là reconnoiffant ; c'eft l'inégalité qui anime ces heureux combats de la Société ; c'eft ce mélange de puiffance & de foibleffe, ce contrafte d'opulence & de pauvreté, qui met en jeu, non feulement les paffions, mais les vertus des Hommes.

Quelle Sageffe en Dieu, d'avoir ainfi abrégé aux Hommes le chemin des vertus deftinées à entretenir la Société, & à les ramener à l'amour de lui-même par l'amour de leurs femblables ! Jugeons-en par les effets que l'égalité eût produits dans le Monde dans l'état actuel de l'Homme : n'ayant point dépendu les uns des autres, rien

ne nous auroit portés à nous unir , chacun se feroit ren-
fermé dans son être ; plus de subordination , plus d'offi-
ces mutuels, plus de Société , & le grand projet de Dieu
sur les Hommes , c'est-à-dire , ce projet d'une charité uni-
verselle , seroit resté sans exécution.

C'est donc dans la vûe de former la Société, que Dieu
a répandu des biens dans l'Univers ; c'est donc pour l'entretien de la Société , qu'il les a répandus inégalement ,
puisque l'union subsiste entre les Hommes par l'inégalité ,
& que , sans elle, elle seroit bientôt détruite : l'inégalité
leur apprend donc l'usage , pour lequel les biens leur ont
été donnés , & conséquemment celui qu'ils doivent en faire , c'est-à-dire, qu'ils doivent les employer à concourir à
l'accomplissement du dessein de Dieu ; & pour produire le
bien général , il n'étoit pas nécessaire qu'ils fussent également possédés par tous , il suffisoit de répandre dans l'es-
prit des particuliers, des dispositions pour travailler à l'a-
vantage commun. Si donc Dieu a distribué inégalement
les Richesses , c'est afin que nous en rendions nous - mê-
mes la répartition égale ; il a bien voulu s'exposer au ha-
sard de paroître injuste à nos yeux , en les distribuant inégalement , afin que nous fussions justes aux siens, en ré-
parant cette inégalité , il a voulu nous faire un mérite de
l'égalité qui doit naturellement regner entre des êtres sem-
blables ; & il a joint à cette Loi muette, mais non équivo-
que de l'inégalité , une Loi écrite, en nous avertissant par
l'organe de l'un de ses Sages , *que celui qui a pitié du pauvre , prête à l'Eternel , qui lui rendra son bienfait ; qu'il re-
gardera tous les actes de charité ou d'hospitalité pratiqués envers les pauvres ou les étrangers, * comme s'il les avoit re-
çus lui-même , & qu'il les honorera de sa Gloire.

Ainsi , à juger des usages ordinaires des Richesses dans
le Monde , par rapport à la fin pour laquelle Dieu les a
données , nous n'en trouverons point de plus condamnable
aux yeux de Dieu & des Hommes, que celui de ces Ido-
lâtres , pour qui la simple possession d'un thrésor a les mê-
mes attraits que la jouissance pour les autres. L'avare re-

* Prov. Ch.
19. V. 17.

tient pour lui feul un bien deftiné, en circulant dans la Société, à nourrir le Pauvre, à foulager l'infirme, à confoler l'affligé, & à réveiller dans le cœur des Hommes les vertus qui y reftent affoupies ; ce n'eft pas feulement envers les fiens que l'Avare eft injufte ; il fe dérobe encore à ce qu'il doit à la Société ; il y fait un vuide, dont tous les membres fe reffentent ; loin de concourir aux vues que la Providence a eues, en lui accordant plus qu'à d'autres, il s'y oppofe, il en arrête le cours ; & c'eft à ces Hommes, qu'il ne tient pas que Dieu ne paroiffe injufte, d'avoir refufé à quelques-uns ce qu'il a prodigué à plufieurs.

Mais l'abus que l'Homme fait de l'inégalité, n'empêche point que le deffein de Dieu ne foit marqué aux vrais caractères d'une Sageffe fuprême : les nuances qui compofent ces caractères font, & une connoiffance profonde de nos befoins, & une bonté paternelle qui en cherche les remèdes, & une fagacité infaillible qui en guide le choix. Reglons donc l'ufage de nos biens, moins fur nos befoins particuliers, que fur ceux de la Société dont nous fommes membres : fi même nous recherchons certains plaifirs, certaines fatisfactions de la vie, qui, quoiqu'innocentes en elles-mêmes, ne le feront peut-être pas un jour devant celui qui doit en être Juge ; que ce foit toujours, parce que quelques-uns de ceux avec lefquels nous vivons, ont intérêt que nous les recherchions ; c'eft même le feul moyen de juftifier tant de frivoles dépenfes, qui infultent à la difette des malheureux.

PRIERE A JESUS-CHRIST.

SEIGNEUR, pardonnez fi l'œil d'un foible mortel ofe fonder les fecrets de votre Sageffe. C'eft pour notre inftruction, que vous avez diftribué inégalement les Richeffes ; & vous n'avez pas voulu que le deffein de cette inégalité nous fût inconnu. Oui, Mon Dieu, nous reconnoiffons qu'elle eft un des anneaux de cette chaîne myfté-

rieufe & invifible, par laquelle vous conduifez les chofes
de ce monde ; mais nous n'en ferions que plus coupables,
fi étant une fois inftruits, & de l'eftime, & de l'ufage que
nous devons faire des biens, nous nous préfentions un jour
devant Vous, les mains vuides de ces œuvres de charité, qui feules ont droit de vous plaire : Purifiez donc de
plus en plus nos cœurs par votre grace, & l'amour pour
les chofes créées, cédera bientôt à l'amour pour le Créateur.

Laboret, ut magis habeat, unde tribuat neceffitatem patienti. Ad Eph. 4.

APPROBATION.

NO u s fouffignés Docteurs de la Maifon & Société de Sorbonne, avons lû ce *Difcours*, dans lequel nous n'avons rien
trouvé de contraire à la Foi & aux bonnes mœurs. En Sorbonne,
ce 22. Juin 1745.

DAVELUX.

DE MARCILLY.

www.ingramcontent.com/pod-product-compliance
Ingram Content Group UK Ltd.
Pitfield, Milton Keynes, MK11 3LW, UK
UKHW020121100726
13658UKWH00005B/2305